escuela - isikole	2
viaje - ukuhamba	5
transporte - izinto zokuhamba	8
ciudad - idolobha	10
paisaje - ingadi	14
restaurante - isitolo sokudlela	17
supermercado - emakethe enkulu	20
bebidas - iziphuzo	22
comida - ukudla	23
granja - ifamu	27
casa - indlu	31
sala - igumbi lokuhlala	33
cocina - ikhishi	35
cuarto de baño - igumbi lokugeza	38
habitación de los niños - igumbi lezingane	42
ropa - izimpahla	44
oficina - i-ofisi	49
economía - umnotho	51
oficios - imisebenzi	53
herramientas - amathuluzi	56
instrumentos musicales - izinsimbi zomculo	57
zoo - esiqiwini	59
deportes - imidlalo	62
actividades - imisebenzi	63
familia - umndeni	67
cuerpo - umzimba	68
hospital - isibhedlela	72
urgencia - izimo eziphuthumayo	76
tierra - Umhlaba	77
hora(s) - iwashi	79
semana - iviki	80
año - unyaka	81
formas - amasheyphu	83
colores - imibala	84
opuestos - izinto ezingafani	85
números - izinombolo	88
idiomas - izilimi	90
quién / qué / cómo - ubani / ini / kanjani	91
dónde - kuphi	92

Impressum
Verlag: BABADADA GmbH, Nedderfeld 112 , 22529 Hamburg
Geschäftsführer / Verlagsleitung: Harald Hof
Druck: Books on Demand GmbH, In de Tarpen 42, 22848 Norderstedt

Imprint
Publisher: BABADADA GmbH, Nedderfeld 112 , 22529 Hamburg, Germany
Managing Director / Publishing direction: Harald Hof
Print: Books on Demand GmbH, In de Tarpen 42, 22848 Norderstedt

isikole

- dividir / divayda
- 186/2
- pizarra / ibhodi
- aula / ikilasi
- patio / igceke lesikole
- maestro/a / uthisha
- papel / iphepha
- escribir / bhala
- bolígrafo / ipeni
- escritorio / ideski
- regla / irula
- libro / incwadi
- alumno/a / umuntu

cartera
isikhwama

caja de lápices
isikwama sepeni

lápiz
ipensela

sacapuntas
umshini wokulola

goma de borrar
irabha

cuaderno de dibujo
indawo yokudweba

escuela - isikole

dibujo
ukudweba

pincel
ibrashi lokupenda

caja de pinturas
ibhokisi lokupenda

tijeras
isikelo

pegamento
inomfi

cuaderno de ejercicios
incwadi yesikole

deberes
umsebenzi wasekhaya

número
inamba

sumar
hlanganisa

restar
susa

multiplicar
phindaphinda

calcular
bala

letra
incwadi

alfabeto
izinhlamvu zamagama

palabra
igama

texto	leer	tiza
umbhalo	funda	ushoki

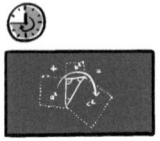  

lección	cuaderno de notas	examen
isifundo	bhalisa	isivivinyo

certificado	uniforme escolar	educación
isitifiketi	iyunifomu yesikole	imfundo

enciclopedia	universidad	microscopio
i-encyclopedia	inyuvesi	isibonakhulu

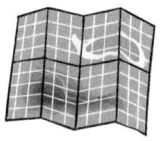 

mapa	papelera
ibalazwe	ibhaskidi yokulahla amaphepha

escuela - isikole

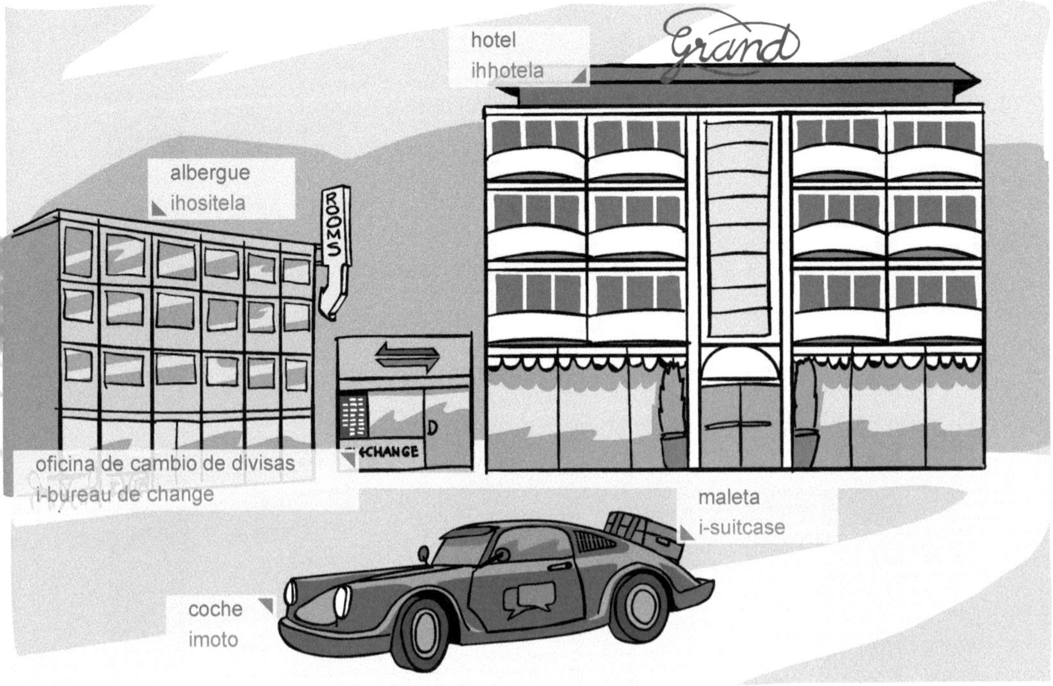

viaje
ukuhamba

hotel
ihhotela

albergue
ihositela

oficina de cambio de divisas
i-bureau de change

maleta
i-suitcase

coche
imoto

idioma
ulimi

sí / no
yebo / cha

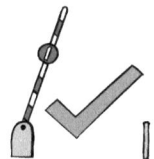

Vale
kulungile

hola
sawubona

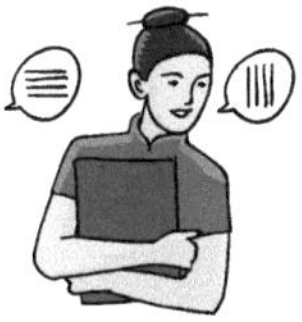

traductor
umhumushi

Gracias
Ngiyabonga

¿cuánto es…?
iyimalini i…?

No entiendo
angiqondi

problema
inkinga

¡Buenas tardes!
Intambama enhle!

¡Buenos días!
Sawubona!

¡Buenas noches!
Ulale kahle!

adiós
bye bye

dirección
isiqondiso

equipaje
izikhwama

bolsa
isikhwama

mochila
ubhakha

invitado
isivakashi

habitación
igumbi

saco de dormir
isikhwama sokulala

tienda de campaña
ithende

información turística

imininingwane yamathoristi

playa

ulwandle

tarjeta de crédito

ikhadi lesikweletu

desayuno

ukudla kwasekuseni

almuerzo

ukudla kwasemini

cena

ukudla kwasebusuku

billete

ithikithi

ascensor

i-lift

sello

isitembu

frontera

ibhoda

aduana

amasiko

embajada

inxusa

visa

ivisa

pasaporte

iphasiphothi

viaje - ukuhamba

transporte
izinto zokuhamba

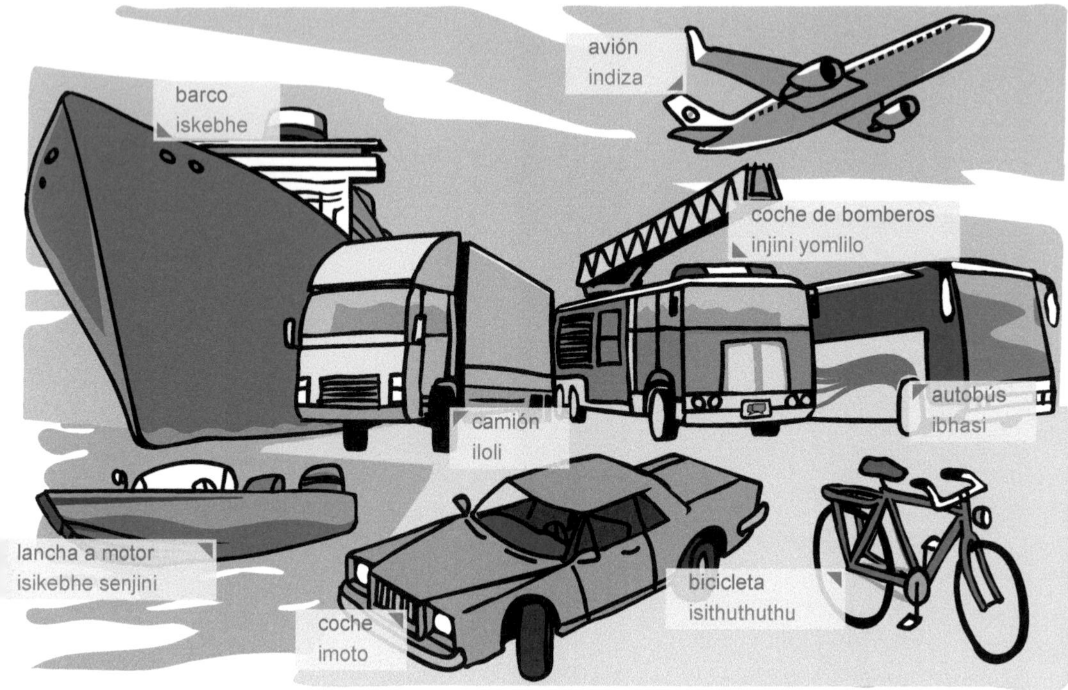

avión
indiza

barco
iskebhe

coche de bomberos
injini yomlilo

autobús
ibhasi

camión
iloli

lancha a motor
isikebhe senjini

bicicleta
isithuthuthu

coche
imoto

transbordador
isikebhe

barca
isikebhe

moto
isithuthuthu

coche de policía
imoto yamaphoyisa

coche de carreras
imoto ejahayo

coche de alquiler
imoto eqashiwe

préstamo de vehículos

ukurenta imoto

grúa

iloli eliphukile

camión de la basura

ithrakhi

motor

injini

gasolina

amafutha

gasolinera

indawo yokuthela uphethiloli

señal de tráfico

uphawu lwethrafikhi

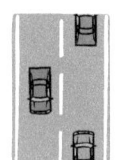

tráfico

ithrafikhi

atasco

ithrafikhi enkulu

aparcamiento

indawo yokupaka izimoto

estación de tren

isitashi sesitimela

vías

amaloli

tren

isitimela

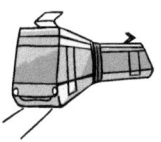

tranvía

ithilamu

vagón

inqola

transporte - izinto zokuhamba

helicóptero	aeropuerto	torre
ihelikhoptha	isikhungo sezindiza	umphongolo

pasajero	contenedor	caja de cartón
iphasenja	ikhonteyna	ikhathoni

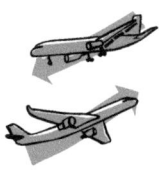

carretilla	cesta	despegar / aterrizar
inqola	ubhasikidi	ukusuka / ukwehla

ciudad
idolobha

pueblo	centro de ciudad	casa
isigodi	i-city centre	indlu

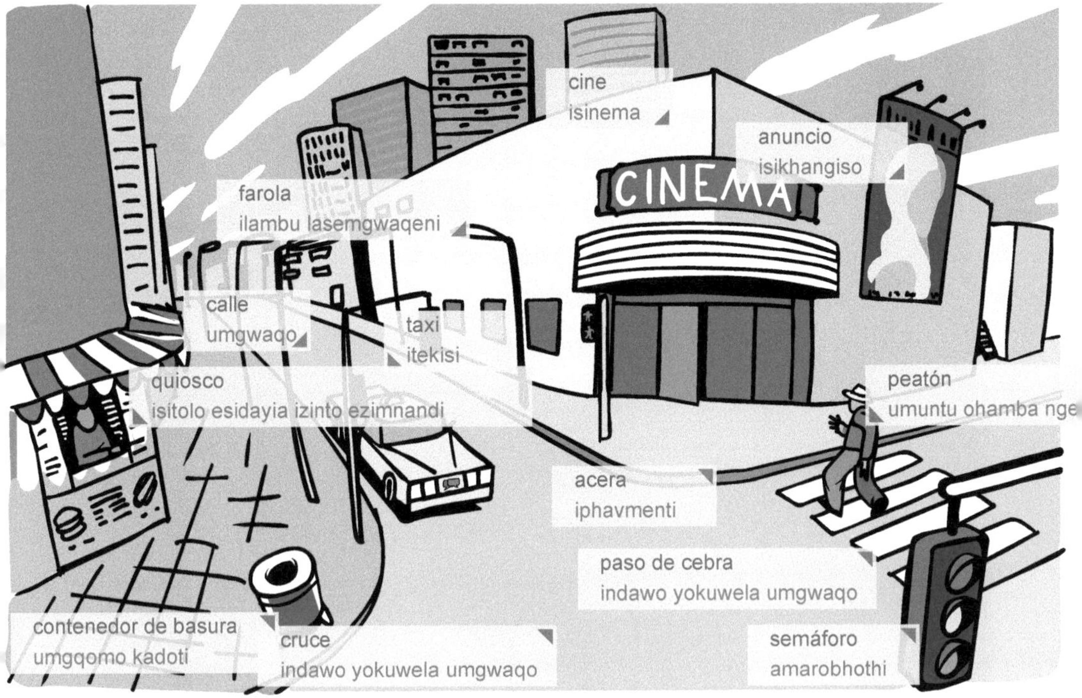

cine
isinema

anuncio
isikhangiso

farola
ilambu lasemgwaqeni

calle
umgwaqo

taxi
itekisi

quiosco
isitolo esidayia izinto ezimnandi

peatón
umuntu ohamba nge

acera
iphavmenti

paso de cebra
indawo yokuwela umgwaqo

contenedor de basura
umgqomo kadoti

cruce
indawo yokuwela umgwaqo

semáforo
amarobhothi

cabaña
indlu yodaka

apartamento
i-flat

estación de tren
isitashi sesitimela

ayuntamiento
i-town hall

museo
imuzilemu

escuela
isikole

ciudad - idolobha

universidad

inyuvesi

banco

ibhange

hospital

isibhedlela

hotel

ihhotela

farmacia

ikhemisi

oficina

i-ofisi

librería

isitolo sezincwadi

tienda

esitolo

floristería

istolo sezimbali

supermercado

emakethe enkulu

mercado

imakethe

grandes almacenes

isitolo somnyango

pescadería

i-fishmonger's

centro comercial

isikhungo sezitolo

puerto

isikhungo semikhumbi

parque
ipaki

banco
ibhentshi

puente
ibhuloho

escaleras
izitezi

metro
ngaphansi komhlaba

túnel
umhubhe

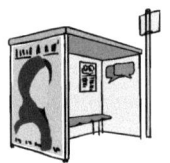
parada de autobús
istobhu sebhasi

bar
i-bar

restaurante
isitolo sokudlela

buzón
eposini

poste indicador
uphawu lwasemgwaqeni

parquímetro
umshini wokukhokhela ukupaka

zoo
esiqiwini

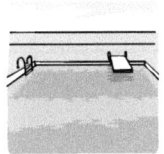
piscina
indawo yokubhukuda

mezquita
i-mosque

ciudad - idolobha

granja
ifamu

contaminación
ukungcola

cementerio
amagcwaba

iglesia
isonto

patio de juego
igrawundi lokudlala

templo
ithempeli

paisaje
ingadi

- hoja / icembe
- señal / mpambano mgwaqo
- camino / indlela
- prado / idlelo
- piedra / itshe
- árbol / isihlahla
- excursionista / umqwali wezintaba
- río / umfula
- hierba / utshani
- flor / imbali

valle
isigodi

colina
intaba

lago
ichibi

bosque
ihlathi

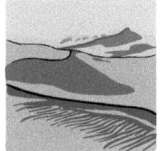
desierto
ogwadule

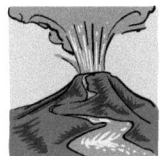
volcán
intaba mlilo

castillo
isigodlo

arcoíris
uthingo

champiñón
ikhowe

palmera
isihlahla sesundu

mosquito
umiyane

mosca
ukundiza

hormiga
intuthwane

abeja
inyosi

araña
isicabucabu

paisaje - ingadi

escarabajo	rana	ardilla
ibhungane	ixoxo	i-squirrel

erizo	liebre	lechuza
i-hedgehog	unogwaja	isikhova

pájaro	cisne	jabalí
izinyoni	idada	intibane

ciervo	alce	presa
inyamazane	i-moose	idamu

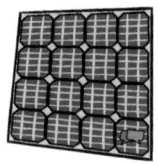

turbina eólica	panel solar	clima
i-wind turbine	i-solar panel	isimo sezulu

paisaje - ingadi

restaurante
isitolo sokudlela

- camarero / uweyita
- menú / imenu
- silla / isihlalo
- sopa / isobho
- pizza / i-pizza
- cubertería / ikhathilari
- mantel / indwangu yasetafuleni

primer plato
ukudla okulula

plato principal
isidlo

postre
idizethi

bebidas
iziphuzo

comida
ukudla

botella
ibhodlela

restaurante - isitolo sokudlela

comida rápida

ukudla okulula

comida callejera

ukudla okudayiswa emgwaqeni

tetera

ithiphothi

azucarero

isitsha sikashukela

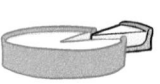

porción

ingxenye

cafetera expreso

umshini we-ekspreso

trona

isitulo esiphezulu

cuenta

izindleko

bandeja

ithreyi

cuchillo

ummese

tenedor

imfologo

cuchara

ispuni

cucharilla

ithispuni

servilleta

indawo yokusula umlomo

vaso

igilasi

restaurante - isitolo sokudlela

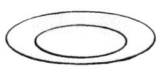

plato
ipuleti

plato hondo
ipuleti lesobho

platillo
isoso

salsa
isosi

salero
isitsha sasawoti

molinillo de pimienta
isitsha sephepha

vinagre
uviniga

aceite
amafutha

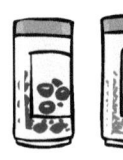

especias
izinongo

ketchup
isosi yetamatisi

mostaza
isosi yesinaphi

mayonesa
imayonesi

supermercado
emakethe enkulu

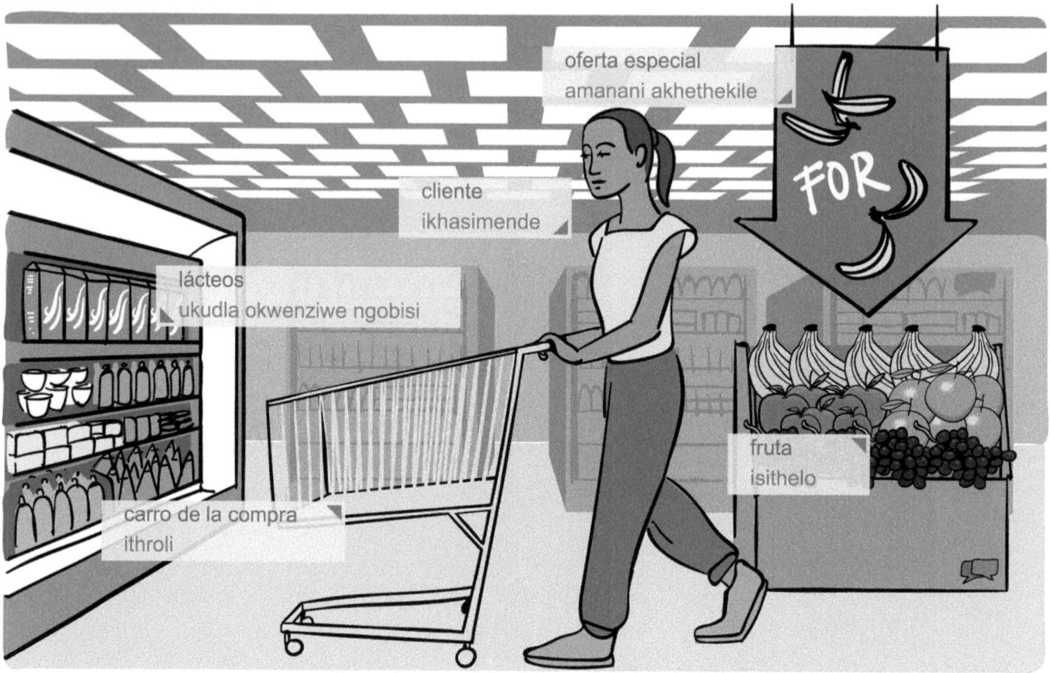

oferta especial
amanani akhethekile
FOR
cliente
ikhasimende
lácteos
ukudla okwenziwe ngobisi
fruta
isithelo
carro de la compra
ithroli

BUTCHERS

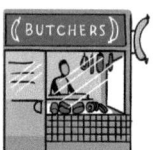

carnicería

ebhusha

BAKERY

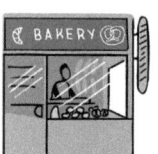

panadería

isitolo esidayisa isinkwa

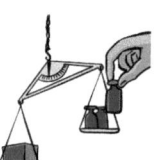

pesar

kala

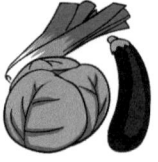

verduras

amaveji

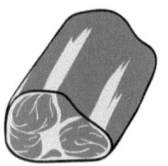

carne

inyama

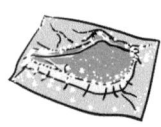

alimentos congelados

ukudla okubandayo

fiambres
inyama ebandayo

conservas
ukudla okusethinini

detergente en polvo
insipho yokuwasha enguphawuda

dulces
oswidi

productos de uso doméstico
izinto zasendlini

productos de limpieza
izinto zokuhlanza

vendedora
umuntu odayisayo

caja
ithili

cajero
umbali wemali

lista de la compra
izinto okumelwe zithengwe

horario de atenclón al público
amahora okuvula

cartera
uwolethi

tarjeta de crédito
ikhadi lesikweletu

bolsa
isikhwama

bolsa de plástico
isikwama sepulastiki

supermercado - emakethe enkulu   21

bebidas
iziphuzo

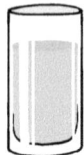

agua
amanzi

zumo
ijusi

leche
ubisi

cola
i-coke

vino
iwayini

cerveza
ubhiya

alcohol
utshwala

cacao
i-cocoa

té
itiye

café
ikhofi

expreso
i-ekspreso

capuchino
ikhaphachino

comida
ukudla

plátano
ubhanana

manzana
i-apula

naranja
i-olintshi

melón
ikhabe

limón
ulamula

zanahoria
ukherothi

ajo
ugaligi

bambú
umhlanga

cebolla
u-anyanisi

champiñón
ikhowe

avellanas
amakinati

fideos
ama-noodle

espagueti
isipagethi

arroz
iraysi

ensalada
isaladi

patatas fritas
ama-chips

patatas fritas
amazambane athosiwe

pizza
i-pizza

hamburguesa
ibhega

sándwich
isendiwichi

filete
inyama engenathambo

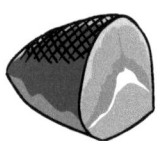

jamón
ham

salami
salami

salchicha
isoseji

pollo
inkukhu

asado
yosiwe

pescado
inhlanzi

comida - ukudla

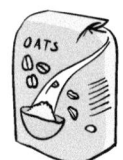

copos de avena

iphalishi le-oats

muesli

i-muesli

copos de maíz

ama-cornflakes

harina

ufulawa

cruasán

i-croissant

panecillo

isinkwa esiyiroli

pan

isinkwa

tostada

i-toast

galletas

amabhiskidi

mantequilla

ibhotela

cuajada

i-curd

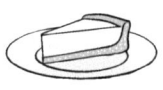

pastcl

ikhekhe

huevo

iqanda

huevo frito

iqanda elithosiwe

queso

ushizi

comida - ukudla

helado	azúcar	miel
i-ice cream	ushukela	uju

mermelada	crema de turrón	curry
ujamu	ispredi sikashokholedi	isitshulu

granja
ifamu

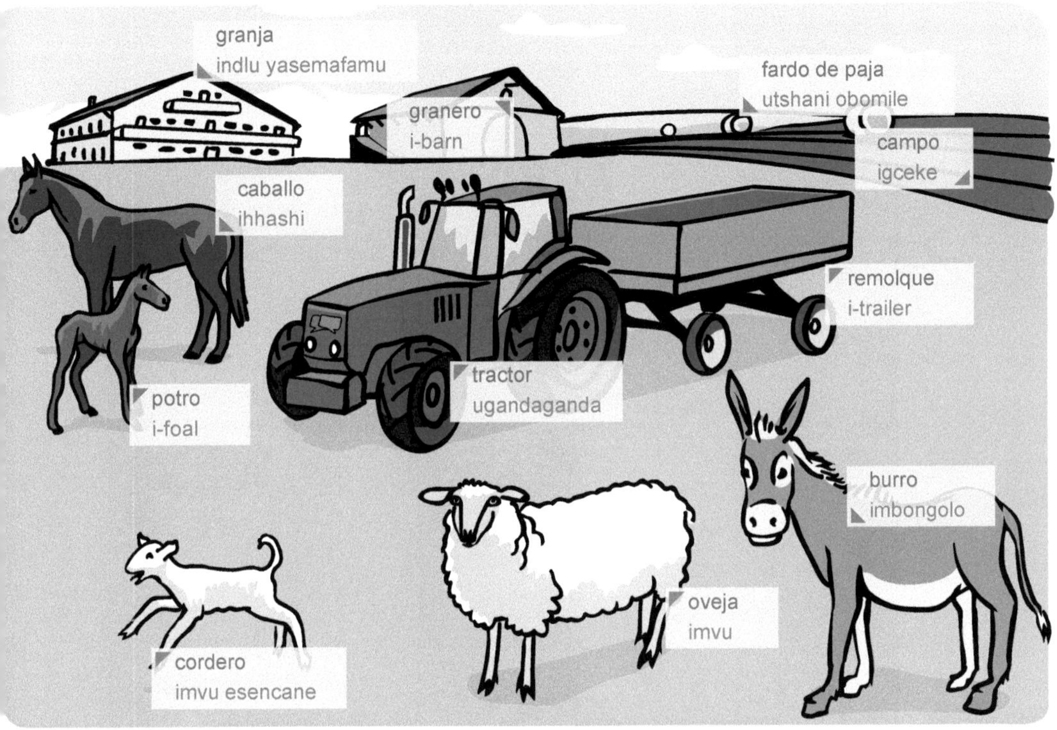

- granja — indlu yasemafamu
- granero — i-barn
- fardo de paja — utshani obomile
- campo — igceke
- caballo — ihhashi
- remolque — i-trailer
- potro — i-foal
- tractor — ugandaganda
- burro — imbongolo
- cordero — imvu esencane
- oveja — imvu

cabra
imbuzi

vaca
inkomo

ternero
ithole

cerdo
ingulube

cerdito
ingulube esencane

toro
inkunzi

granja - ifamu

ganso
ihansi

pato
idada

pollo
ichwane

gallina
isikhukhukazi

gallo
iqhude

rata
igundwane

gato
ikati

ratón
igundwane

buey
inkabi

perro
inja

perrera
indlu yenja

manguera
ipayipi lokunisela

regadera
ikani lokunisela

guadaña
ucelemba

arado
igeja

granja - ifamu

hoz
isikela

azada
ukhuba

horca
imfoloko

hacha
imbazo

carretilla
ibhala

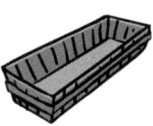

abrevadero
umkhombe

lechera
ubusi olusekanini

saco
isaka

valla
ifensi

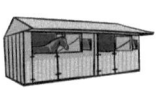

establo
esitebhilini

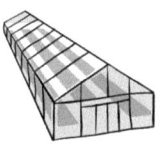

invernadero
i-greenhouse

suelo
inhlabathi

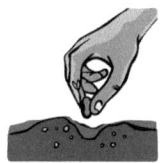

semilla
imbewu

fertilizador
umanyolo

cosechadora
ukuvuna okuhlanganisiwe

granja - ifamu

cosechar
vuna

cosecha
isivuno

ñame
ama-yam

trigo
ukolweni

soja
umbhontshisi

patata
amazambane

maíz
ummbila

semilla de colza
i-rapeseed

árbol frutal
isihlahla sezithelo

mandioca
umdumbula

cereales
amasiriyeli

granja - ifamu

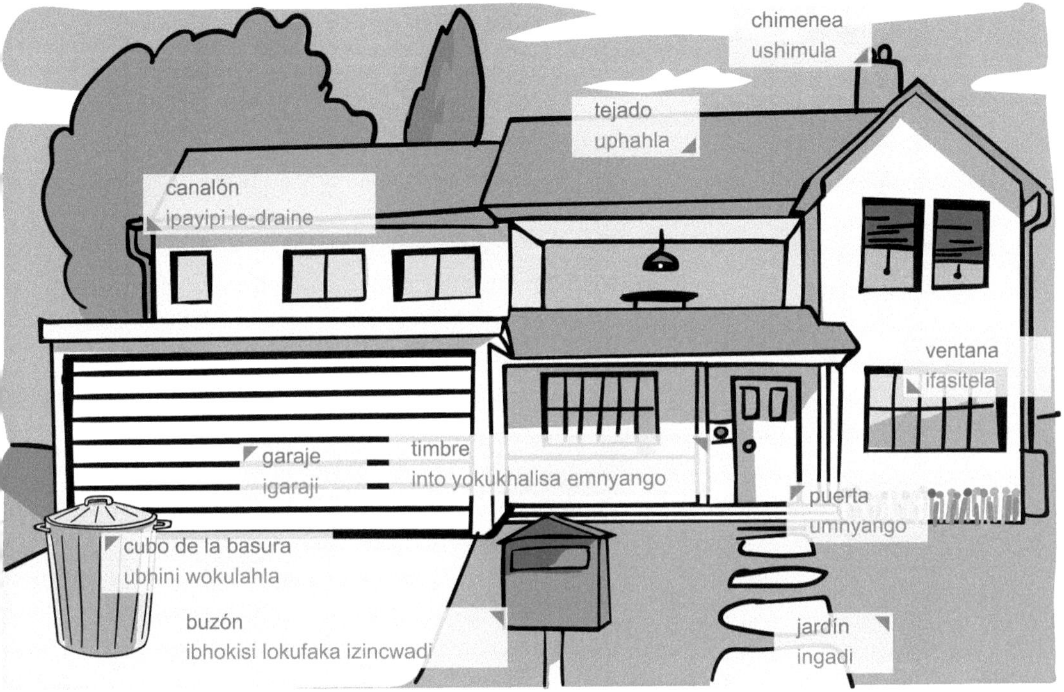

casa
indlu

chimenea — ushimula
tejado — uphahla
canalón — ipayipi le-draine
ventana — ifasitela
garaje — igaraji
timbre — into yokukhalisa emnyango
puerta — umnyango
cubo de la basura — ubhini wokulahla
buzón — ibhokisi lokufaka izincwadi
jardín — ingadi

sala

igumbi lokuhlala

cuarto de baño

igumbi lokugeza

cocina

ikhishi

dormitorio

igumbi lokulala

habitación de los niños

igumbi lezingane

comedor

igumbi lokudlela

casa - indlu

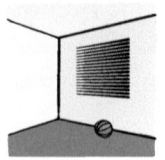

suelo
phansi

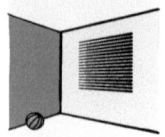

pared
udonga

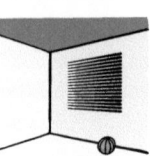

techo
usilingi

sótano
i-cella

sauna
i-sauna

balcón
ibhalconi

terraza
i-terrace

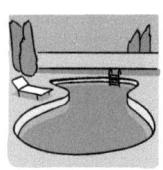

piscina
iphuli

cortacésped
umshin wokugunda utshani

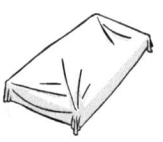

sábana
ishidi

colcha
ingubo yokulala

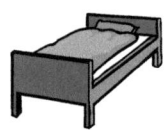

cama
umbhede

escoba
umshanelo

balde
ibhakede

interruptor
i-switch

casa - indlu

sala
igumbi lokuhlala

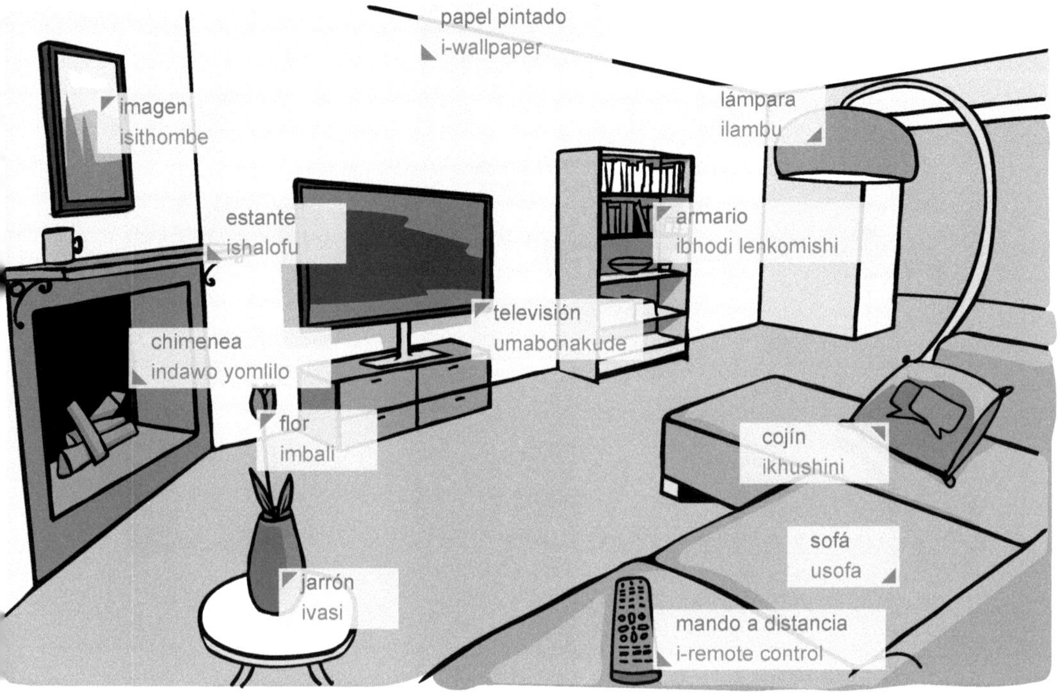

papel pintado / i-wallpaper
imagen / isithombe
lámpara / ilambu
estante / ishalofu
armario / ibhodi lenkomishi
chimenea / indawo yomlilo
televisión / umabonakude
flor / imbali
cojín / ikhushini
jarrón / ivasi
sofá / usofa
mando a distancia / i-remote control

alfombra
ukhaphethe

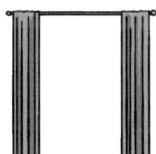

cortina
ikhethini

mesa
itafula

silla
isihlalo

mecedora
isihlalo esinyakazayo

butaca
isihlalo esingangengalo

libro
incwadi

manta
ingubo

decoración
ukuhlobisa

leña
izinkuni zokubasa

película
ifilimu

equipo de música
izinto ze-hi-fi

llave
ukhiye

periódico
iphephandaba

pintura
ukupenda

póster
iphosta

radio
umsakazo

cuaderno
i-notepad

aspiradora
ihuva

cactus
i-cactus

vela
ikhandlela

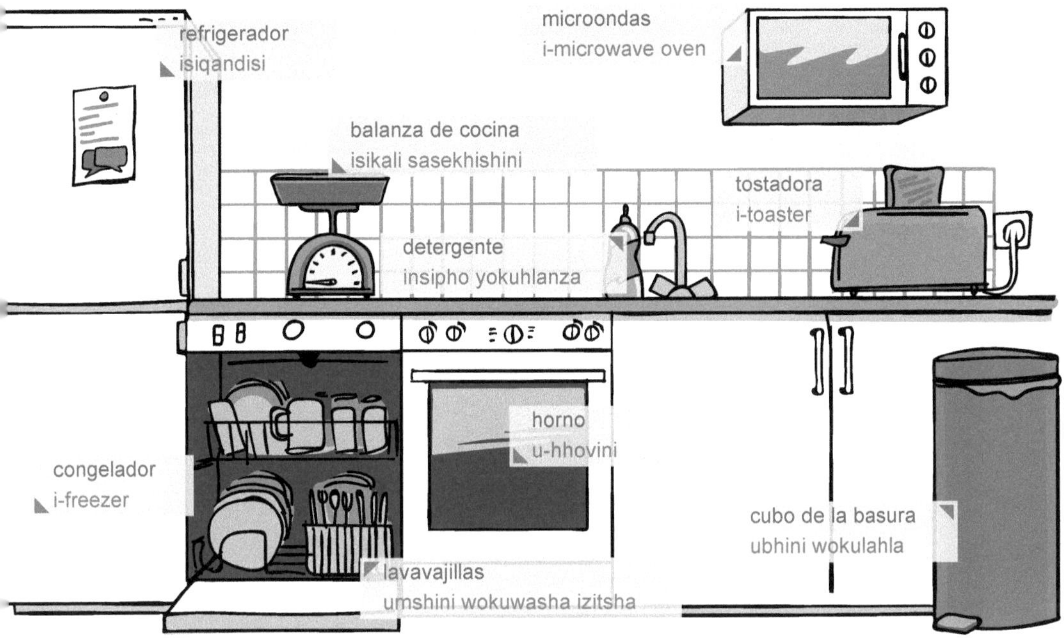

cocina
ikhishi

refrigerador
isiqandisi

microondas
i-microwave oven

balanza de cocina
isikali sasekhishini

tostadora
i-toaster

detergente
insipho yokuhlanza

horno
u-hhovini

congelador
i-freezer

cubo de la basura
ubhini wokulahla

lavavajillas
umshini wokuwasha izitsha

olla a presión
umshini wokupheka

olla
ibhodwe

olla de hierro fundido
ibhodwe le-cast iron

wok / karahi
i-wok / kadai

cazuela
ipani

hervidor
iketela

vaporera
i-steamer

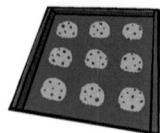

chapa de horno
ithreyi lokubhaka

vajilla
izitsha zokudla

taza
imaki

tazón
isitsha

palillos
izinti zendwangu

cucharón
isixembe sokuphaka

espumadera
ispathula

batidor
i-whisk

colador
i-strainer

cedazo
isisefo

rallador
igretha

mortero
isitsha sodaka

barbacoa
i-barbecue

hoguera
umlilo

tabla de picar
ibhodi lokuqoba

rodillo
ipini lokurola

sacacorchos
iskrew

lata
ikani

abrelatas
into yokuvula ikani

agarrador
indwangu yokubamba ibhodwe

lavabo
usinki

cepillo
i-brush

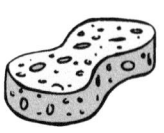

esponja
isiponji

batidora
ibhlenda

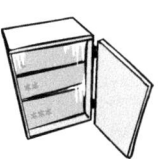

congelador
i-deep freezer

biberón
ibhodlela lengane

grifo
umpompi

cocina - ikhishi

cuarto de baño
igumbi lokugeza

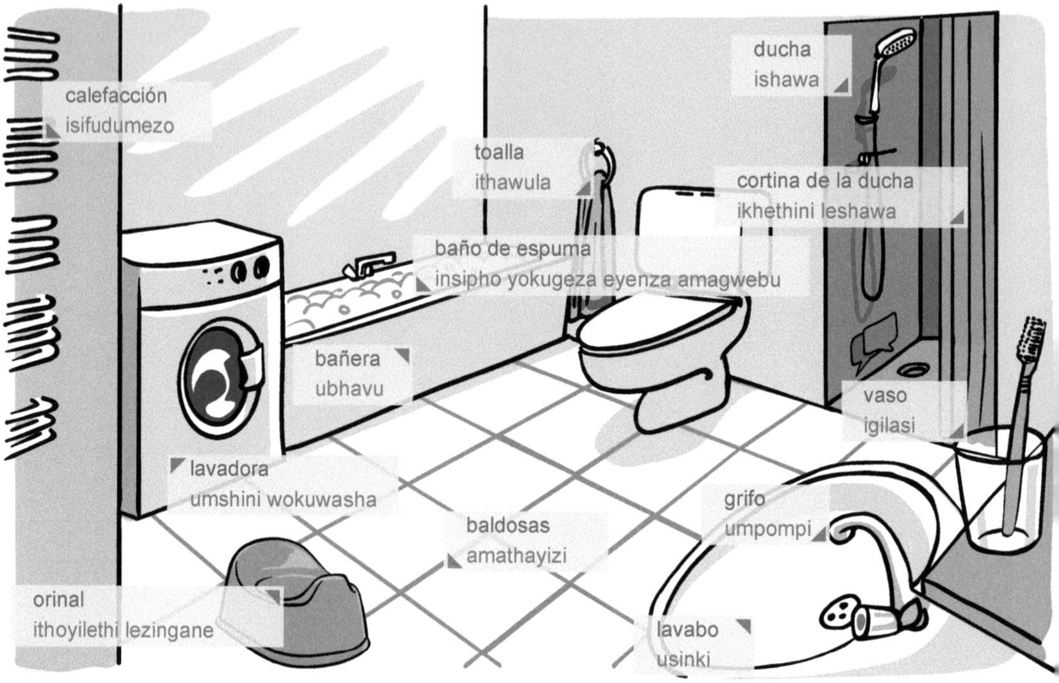

- calefacción / isifudumezo
- ducha / ishawa
- toalla / ithawula
- cortina de la ducha / ikhethini leshawa
- baño de espuma / insipho yokugeza eyenza amagwebu
- bañera / ubhavu
- vaso / igilasi
- lavadora / umshini wokuwasha
- baldosas / amathayizi
- grifo / umpompi
- orinal / ithoyilethi lezingane
- lavabo / usinki

inodoro
ithoyilethi

inodoro rústico
ithoyilethi oqoshama kuyo

bidé
ithoyilethi le-bidet

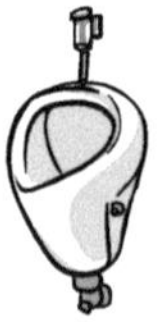

urinario
ithoyilethi lokuchama labesilisa

papel higiénico
iphepha lasethoyilethi

escobilla del váter
ibhrashi lasethoyilethi

cepillo de dientes
ibhrashi lamazinyo

pasta de dientes
insipho yamazinyo

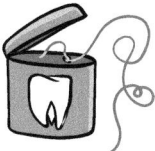
hilo dental
into yokuvungula

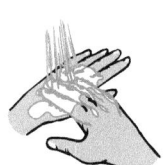
lavar
washa

ducha de mano
ishawa ebanjwa ngesandla

ducha íntima
uchatho

pila
u-basini

cepillo de espalda
ibrashi lomhlane

jabón
insipho

gel de ducha
ijeli yeshawa

champú
ishampu

toallita
ishethi lesikoshi

desagüe
i-drain

crema
ukhilimu

desodorante
into yokugcoba amakhwapha

cuarto de baño - igumbi lokugeza

espejo
isibuko

espejo de tocador
isibuko esiphathwa ngesandla

maquinilla de afeitar
ireyza

espuma de afeitar
igwebu lokushefa

loción postafeitado
umuthi ogcotshwa ngemva kokushefa

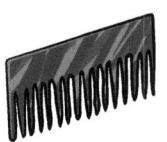
peine
ikama

cepillo
ibhrashi

secador
into yokomisa izinwele

laca
ispreyi sezinwele

maquillaje
i-makeup

pintalabios
into yokugcoba umlomo

pintauñas
into yokususa upende wezinzipho

algodón
uwuli kakotini

cortauñas
isikelo sezinzipho

perfume
isigqolo

cuarto de baño - igumbi lokugeza

estuche de viaje

isikhwama sezinto zokugeza

banqueta

isitulo

balanza

isikali

albornoz

ingubo yokugeza

guantes de goma

amagilavu erabha

tampón

ithemponi

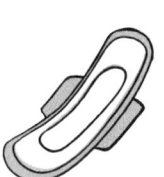

compresa

iphedi yasesikhathini

inodoro químico

ithoyilethi lekhemikhali

habitación de los niños
igumbi lezingane

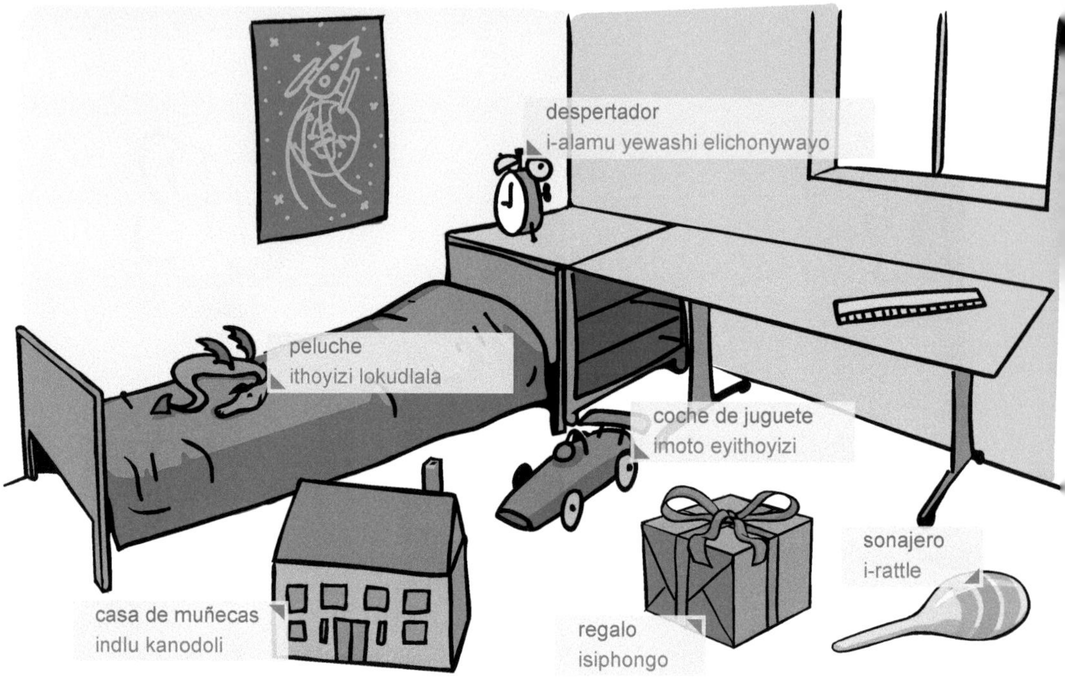

despertador
i-alamu yewashi elichonywayo

peluche
ithoyizi lokudlala

coche de juguete
imoto eyithoyizi

casa de muñecas
indlu kanodoli

regalo
isiphongo

sonajero
i-rattle

globo
ibhaluni

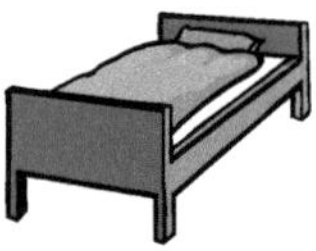

cama
umbhede

coche de niño
iphremu

naipes
amakhadi

puzle
i-jigsaw

tebeo
indaba edwetshiwe

piezas de lego

amabrick elego

bloques de juguete

amabhuloksi okwakha

figura de acción

unodoli weqhawe

bodi (de bebé)

izimpahla zezingane

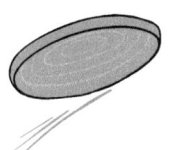

frisbee

i-frisbee

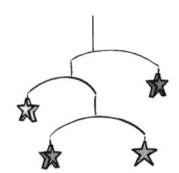

colgador móvil para bebés

amathoyizi ezingane alengayo

juego de mesa

ibhodi lokudlala igemu

dados

idayisi

circuito de tren eléctrico

isethi yesitimela

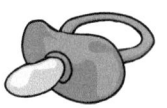

maniquí

idemu

fiesta

iphathi

álbum de fotos

incwadi yezithombe

pelota

ibhola

muñeca

unodoli

jugar

dlala

cajón de arena
umgodi wenhlabathi

columpio
uzwinki

juguetes
amathoyizi

videoconsola
umshini wamavidiyo geymu

triciclo
ibhayisikili elinemasondo amathathu

oso de peluche
uthedibhe

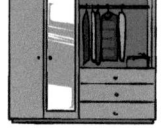
guardarropa
u-wardrobe

ropa
izimpahla

calcetines
amasokisi

medias
amastokhingi

leotardos
amathayithi

bufanda
isikhafu

paraguas
i-amburela

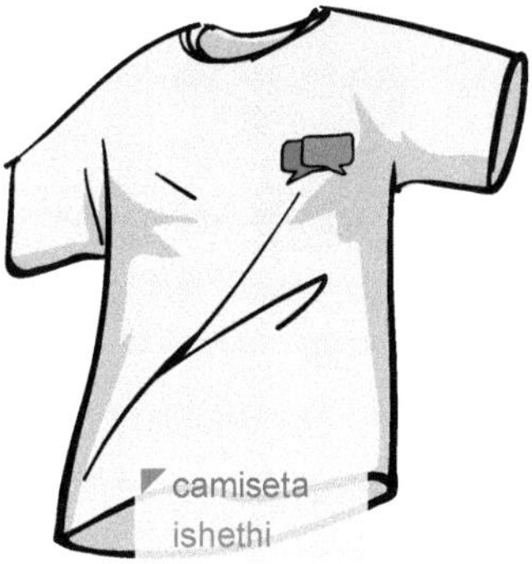

camiseta
ishethi

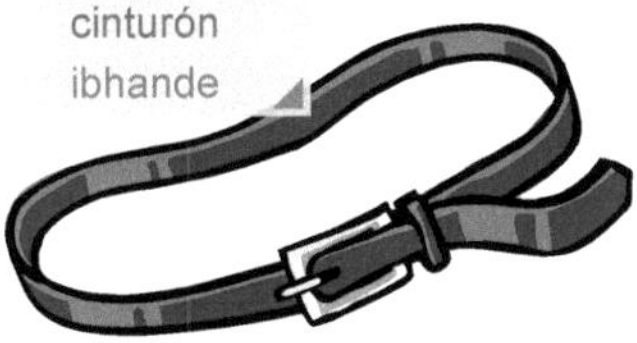

cinturón
ibhande

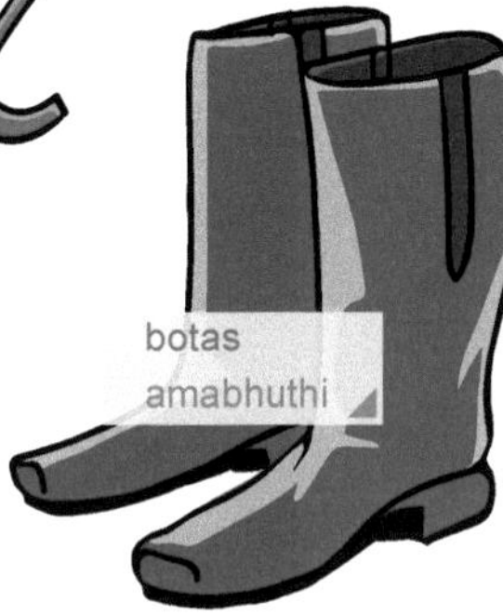

botas
amabhuthi

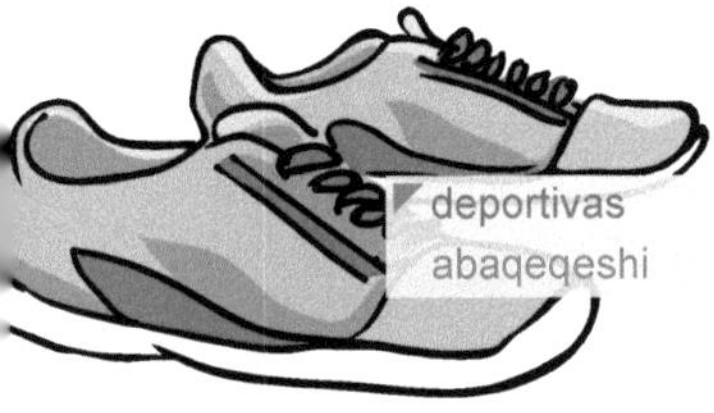

zapatillas
izicathulo zokulala

deportivas
abaqeqeshi

sandalias
amasandali

zapatos
izicathulo

botas de goma
amabhuthi erabha

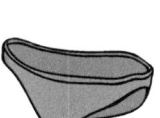

slip
iphenti

sostén
u-bra

chaleco
ivesti

ropa - izimpahla

bodi
umzimba

pantalones
amabhulukwe

vaqueros
amajini

falda
isiketi

blusa
isikibha

camisa
ishethi

jersey
ijezi elinezigqoko

suéter
i-hoodie

blazer
ibhuleyiza

chaqueta
ijakhethi

abrigo
ijazi

gabardina
i-raincoat

traje
ikhosyumu

vestido
ingubo

vestido de novia
ingubo yomshado

traje
isudu

camisón
ingubo yokulala

pijama
amaphijama

sari
ingubo yesari

bandana
isikhafu

turbante
isigqoko se-turban

burka
ibhukha

caftán
ingubo yekaftani

abaya
abaya

traje de baño
impahla yokubhukuda

bañador
amathranki

pantalones cortos
isikhindi

chándal
i-tracksuit

delantal
ingubo yokupheka

guantes
amagilavu

ropa - izimpahla

botón
ibhathini

gafas
izibuko

brazalete
ibhengela

collar
umgexo

anillo
indandatho

pendiente
amacici

gorra
ikepisi

percha
into yokuhenga ijazi

sombrero
isigqoko

corbata
uthayi

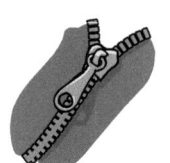
cremallera
uziphu

casco
ihelmethi

tirantes
ama-braces

uniforme escolar
iyunifomu yesikole

uniforme
iyunifomu

48 ropa - izimpahla

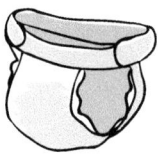

babero	maniquí	pañal
ibhayi lengane	idemu	inabukeni

oficina
i-ofisi

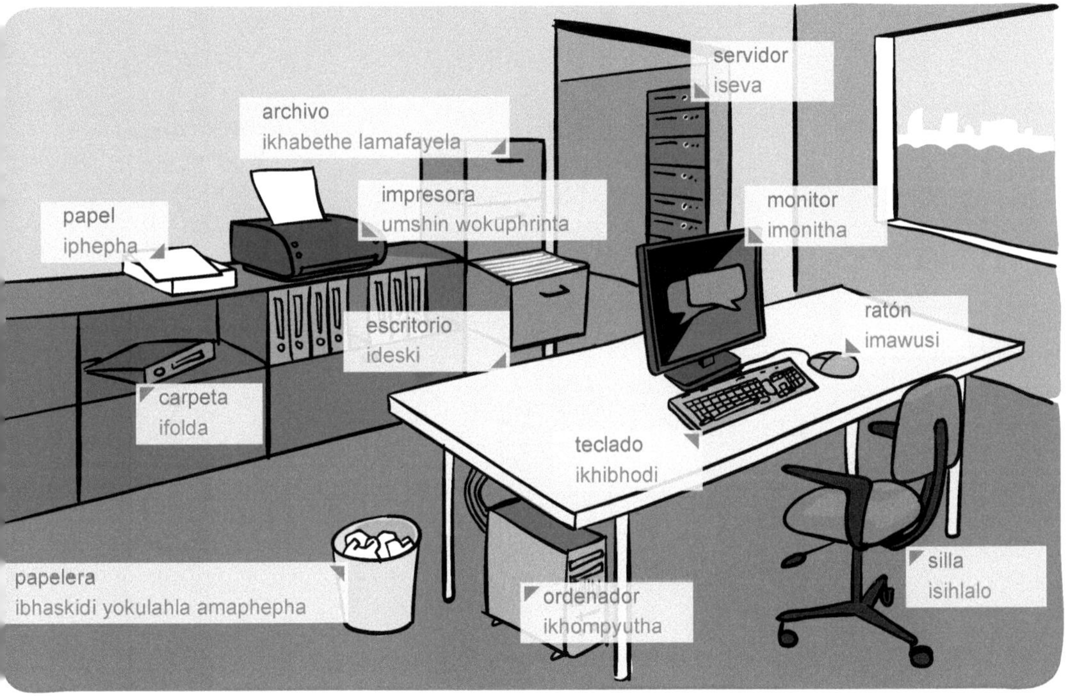

- servidor / iseva
- archivo / ikhabethe lamafayela
- impresora / umshin wokuphrinta
- monitor / imonitha
- papel / iphepha
- escritorio / ideski
- ratón / imawusi
- carpeta / ifolda
- teclado / ikhibhodi
- silla / isihlalo
- papelera / ibhaskidi yokulahla amaphepha
- ordenador / ikhompyutha

taza de café	calculadora	internet
imagi yekhofi	ikhalkhuletha	i-inthanethi

portátil
ilephuthophu

carta
incwadi

mensaje
umyalezo

móvil
ifoni

red
inethiwekhi

fotocopiadora
ifothokhophi

software
i-software

teléfono
ucingo

toma de corriente
indawo yokupulaka

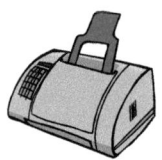
fax
umshini wokufeksa

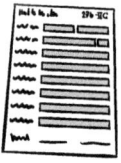
formulario
ifomu

documento
idokhumenti

economía
umnotho

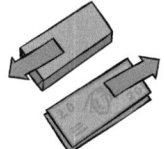

comprar

thenga

pagar

khokha

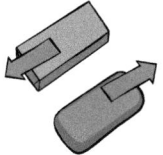

comerciar

shintshana

dinero

imali

dólar

idola

euro

i-euro

yen

iyen

rublo

i-rouble

franco suizo

iSwiss franc

renminbi yuan

i-renminbi yuan

rupia

i-rupee

cajero automático

umshini wokukhipha imali

oficina de cambio de divisas
i-bureau de change

oro
igolide

plata
isiliva

petróleo
amafutha

energía
amandla

precio
inani lemali

contrato
ukuxhumana

impuesto
intela

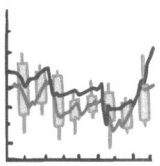
acción
isitokwe

trabajar
sebenza

empleado
isisebenzi

empleador
umqashi

fábrica
ifekthri

tienda
esitolo

economía - umnotho

oficios
imisebenzi

agente de policía
iphoyisa

bombero
indoda ecisha umlilo

cocinero
pheka

médico
udokotela

piloto
umshayeli wezindiza

jardinero
umuntu onakekela ingadi

carpintero
umbazi

costurera
umthungi

juez
ijaji

farmacéutico
umuntu osebenza ekhemisi

actor
umlingisi

conductor de autobús

umshayeli webhasi

taxista

umshayeli wetekisi

pescador

indoda edoba izinhlanzi

señora de la limpieza

owesifazane ohlanzayo

techador

umuntu olungisa uphahla

camarero

uweyita

cazador

umzingeli

pintor

umuntu opendayo

panadero

umbhaki

electricista

umuntu osebenza ngogesi

obrero

umakhi

ingeniero

unjiniyela

carnicero

indawo edayisa inyama

fontanero

umuntu osebenza ngamapayipi

cartero

indoda yaseposini

oficios - imisebenzi

soldado
isosha

arquitecto
umdwebi wezakhiwo

cajero
umbali wemali

florista
umuntu otshala izimbali

peluquero
umuntu owenza izinwele

revisor
umqondisi wasesitimeleni

mecánico
umakhenikha

capitán
ukaputeni

dentista
udokotela wamazinyo

científico
usosayensi

rabino
urabi

imán
imam

monje
indela

sacerdote
umfundisi

oficios - imisebenzi

herramientas
amathuluzi

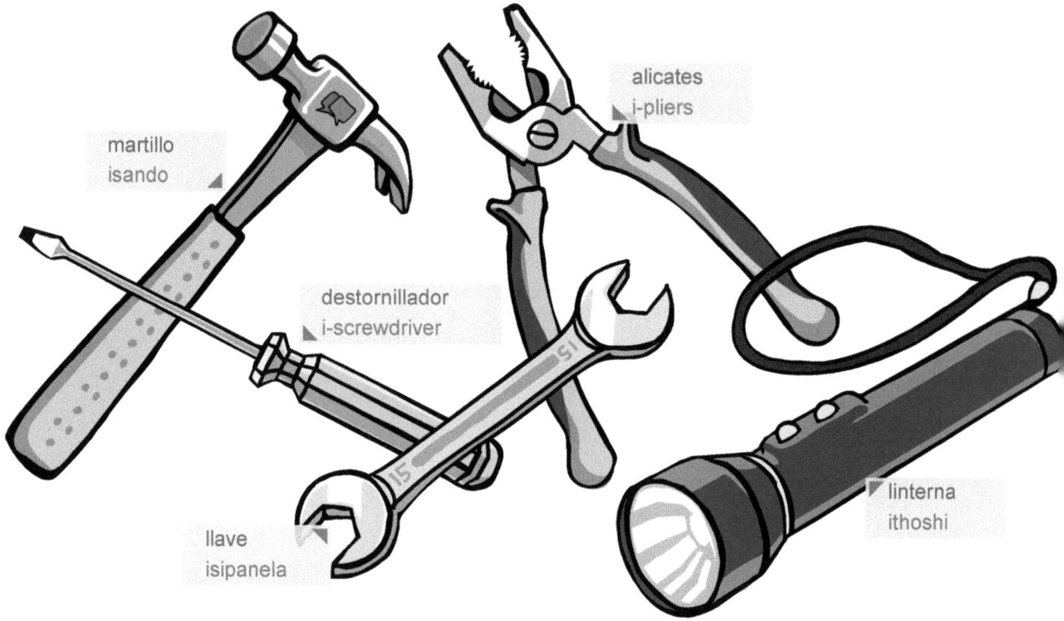

martillo
isando

alicates
i-pliers

destornillador
i-screwdriver

llave
isipanela

linterna
ithoshi

excavadora
umshini wokumba

caja de herramientas
ibhokisi lamathuluzi

escalera de mano
isitebhisi

sierra
isaha

clavos
izinzipho

taladro
i-drill

reparar
lungisa

pala
ifosholo

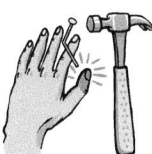
¡Maldita sea!
Damethi!

recogedor
idastipheni

bote de pintura
ithini likapende

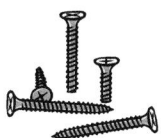
tornillos
i-screws

instrumentos musicales
izinsimbi zomculo

altavoz
ispikha esinomsindo omkhulu

batería
ikhithi yamadramu

guitarra
isiginci

contrabajo
isiginci i-double bass

trompeta
icilongo

instrumentos musicales - izinsimbi zomculo

piano
ipiyano

violín
ivayolini

bajo
i-bass

timbales
ithimpani

tambor
amadramu

teclado
i-keyboard

saxofón
i-saxophone

flauta
umtshingo

micrófono
imakhrofoni

instrumentos musicales - izinsimbi zomculo

zoo
esiqiwini

entrada
indawo yokungena

tigre
ingwe

jaula
ikheji

cebra
idube

pienso
ukudla kwezilwane

panda
iphanda

animales
izilwane

elefante
indlovu

canguro
ikhangaru

rinoceronte
ubhejane

gorila
igorila

oso
ibhele

camello

ikamela

avestruz

intshe

león

ingonyama

mono

inkawu

flamingo

i-flamingo

loro

upholi

oso polar

ibhele laseqhweni

pingüino

iphenguwini

tiburón

ushaka

pavo real

ipigogo

serpiente

inyoka

cocodrilo

ingwenya

guardián de zoológico

umgcini wezilwane

foca

isilwane saseqhweni

jaguar

ijaguwa

zoo - esiqiwini

poni
iponi

leopardo
ingwe

hipopótamo
imvubu

jirafa
indlulamithi

águila
ukhozi

jabalí
intibane

pescado
inhlanzi

tortuga
ufudu

morsa
i-walrus

zorro
ujakalase

gacela
inyamazane igazele

zoo - esiqiwini

deportes
imidlalo

fútbol americano
ibhola lezinyawo laseMelika

ciclismo
umdlali webhayisikili

tenis
ithenisi

baloncesto
ibhola lomnqankiswano

natación
ukubhukuda

boxeo
isibhakela

hockey sobre hielo
i-ice hockey

fútbol
ibhola lezinyawo

bádminton
i-badminton

atletismo
abasubathi

balonmano
ibhola lezandla

esquí
ukushushuluza

polo
ipolo

actividades
imisebenzi

actividades - imisebenzi

tener
yiba

hacer
yenza

ser
yiba

estar de pie
sukuma

correr
gijima

tirar
donsa

tirar
phonsa

caer
yiwa

yacer
amanga

esperar
linda

llevar
thwala

estar sentado
hlala

vestirse
gqoka

dormir
lala

despertar
vuka

actividades - imisebenzi

mirar
bukela

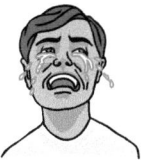

llorar
khala

acariciar
qhweba

peinar
kama

hablar
khuluma

entender
qonda

preguntar
buza

escuchar
lalela

beber
phuza

comer
idla

ordenar
coca

amar
thanda

cocinar
pheka

conducir
shayela

volar
ndiza

actividades - imisebenzi

navegar
hamba ngomkhumbi

calcular
bala

leer
funda

aprender
funda

trabajar
sebenza

casarse
shada

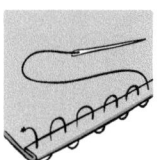
coser
thunga

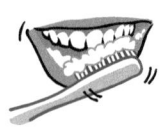
cepillarse los dientes
geza amazinyo

matar
bulala

fumar
bhema

enviar
thumela

actividades - imisebenzi

familia
umndeni

abuela
ugogo

abuelo
umkhulu

padre
ubaba

madre
umama

bebé
ingane

hija
indodakazi

hijo
indodana

invitado
isivakashi

tía
u-anti

tío
umalume

hermano
umfowethu

hermana
udadewethu

cuerpo
umzimba

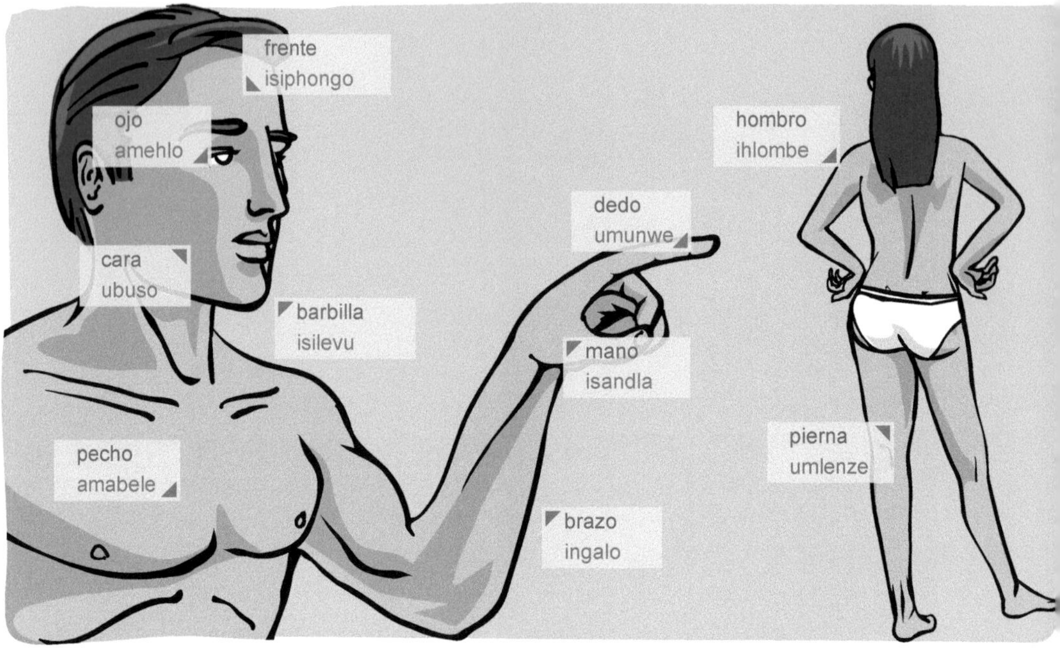

frente / isiphongo
ojo / amehlo
cara / ubuso
barbilla / isilevu
pecho / amabele
hombro / ihlombe
dedo / umunwe
mano / isandla
brazo / ingalo
pierna / umlenze

bebé
ingane

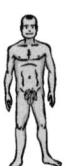

hombre
indoda

mujer
owesifazane

chica
intombazane

chico
umfana

cabeza
ikhanda

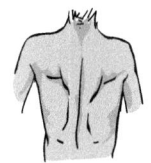

espalda
umhlane

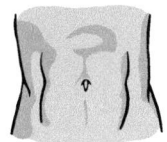

vientre
isisu

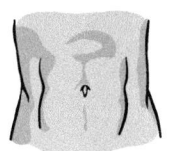

ombligo
inkaba

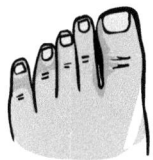

dedo del pie
izinzwane

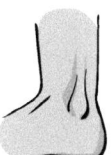

talón
isithende

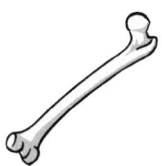

hueso
ithambo

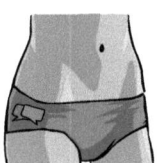

cadera
inqulu

rodilla
idolo

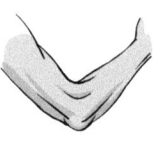

codo
indololwane

nariz
ikhala

trasero
ingenzansi

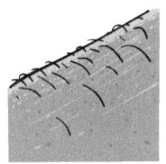

piel
isikhumba

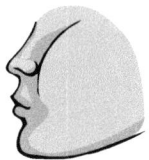

mejilla
iziqhomo

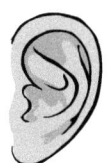

oído
indlebe

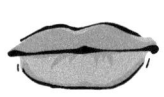

labio
udebe

boca
umlomo

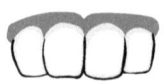

diente
amazinyo

lengua
ulimu

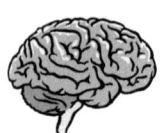

cerebro
ingqondo

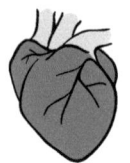

corazón
inhliziyo

músculo
imasela

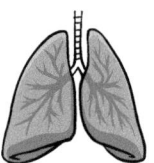

pulmón
uphaphe

hígado
isibindi

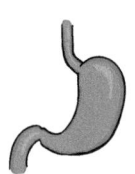

estómago
isisu

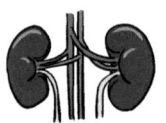

riñones
izinso

sexo
ucansi

condón
ikhondomu

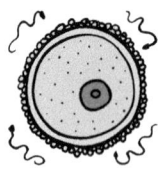

ovario
iqanda

semen
isidoda

embarazo
ukukhulelwa

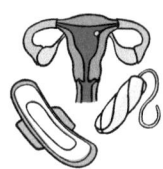

menstruación

ukuya esikhathini

vagina

imomozi

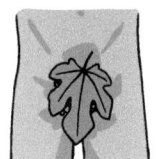

pene

umthondo

ceja

ishiya

pelo

izinwele

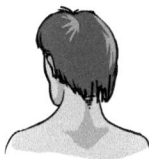

cuello

intamo

hospital
isibhedlela

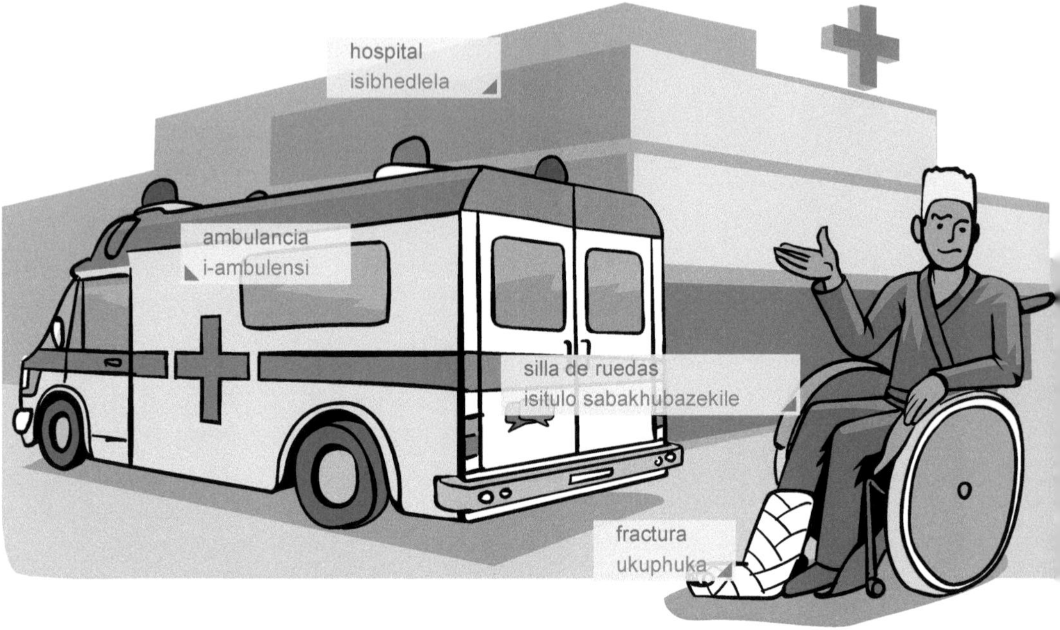

hospital
isibhedlela

ambulancia
i-ambulensi

silla de ruedas
isitulo sabakhubazekile

fractura
ukuphuka

médico
udokotela

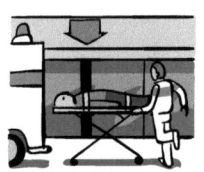

sala de urgencias
igumbi leziguli ezidinga ukwelashwa okuphuthumayo

enfermera
umhlengikazi

urgencia
izimo eziphuthumayo

inconsciente
ukuquleka

dolor
ubuhlungu

lesión
ukulimala

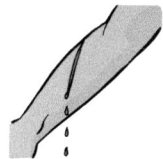

hemorragia
ukopha

infarto
isifo senhliziyo

ictus
ukushaywa unhlangothi

alergia
ukungazwani komzimba nezinto ezithile

tos
ukukhwehlela

fiebre
imfiva

gripe
umkhuhlane

diarrea
ukuhuda

dolor de cabeza
ukuphathwa ikhanda

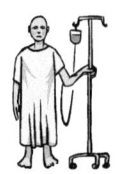

cáncer
umdlavuza

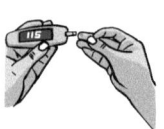

diabetes
isifo sikashukela

cirujano
udokotela ohlinzayo

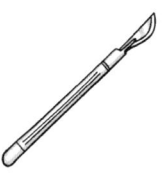

bisturí
isikalpheli

operación
ukuhlinzwa

hospital - isibhedlela

 TAC / CT	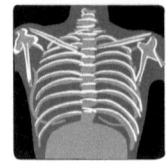 rayos x / i-x-ray	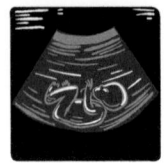 ultrasonido / i-ultrasound
 mascarilla / imaskhi yasebusweni	 enfermedad / isifo	 sala de espera / igumbi lokulinda
 muleta / izinduko zokuhamba	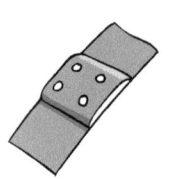 tirita / iplasta	 venda / ibhandishi
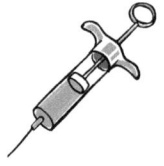 inyección / umjovo	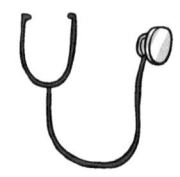 estetoscopio / izipopolo zikadokotela	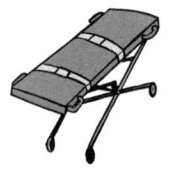 camilla / i-stretcher
 termómetro / umshini okala izinga lokushisa	 nacimiento / ukubeletha	 sobrepeso / ukukhuluphala ngokweqile

hospital - isibhedlela

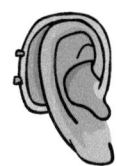
audífono
insizwa yokuzwa

desinfectante
ukungatheleleki

infección
ukutheleleka

virus
ivariyasi

VIH / SIDA
HIV / AIDS

medicina
umuthi

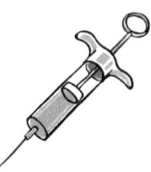
vacunación
umgomo

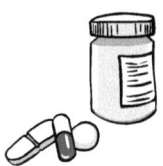
tabletas
amaphilisi

pastilla
amaphilisi

llamada de urgencia
ucingo oluphuthumayo

tensiómetro
umshini okala umfutho wegazi

enfermo / sano
ukugula / ukuba umqemane

hospital - isibhedlela

urgencia
izimo eziphuthumayo

alarma
i-alamu

asalto
ukuhlasela

¡Socorro!
Sizani!

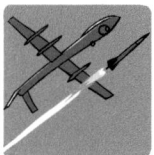
ataque
ukuhlasela

peligro
ingozi

salida de emergencia
indawo yokubalekela ngaphansi kwezimo eziphuthumayo

extintor de incendios
isicimamlilo

accidente
ingozi

¡Fuego!
Umlimo!

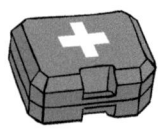
botiquín de primeros auxilios
ikhithi yosizo lokuqala

SOS
SOS

policía
amaphoyisa

tierra
Umhlaba

Europa

Europe

Norteamérica

North America

Sudamérica

South America

África

Africa

Asia

Asia

Australia

Australia

Atlántico

Atlantic

Pacífico

Pacific

Océano Índico

Indian Ocean

Océano Antártico

Antarctic Ocean

Océano Ártico

Arctic Ocean

polo norte

North Pole

polo sur
South Pole

Antártida
Antarctica

tierra
Umhlaba

tierra
umhlaba

mar
izilwandle

isla
isiqhingi

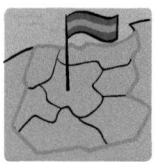
nación
izwe

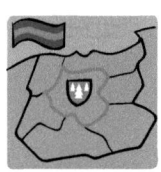
estado
inhlangano engokomthetho

hora(s)
iwashi

esfera
ubuso bewashi

manecilla de las horas
isandla sehora

minutero
isandla semizuzu

segundero
isandla sesibili

¿Qué hora es?
Ubani isikhathi?

día
usuku

tiempo
isikhathi

ahora
manje

reloj digital
iwashi lezibalo

minuto
umzuzu

hora
ihora

semana
iviki

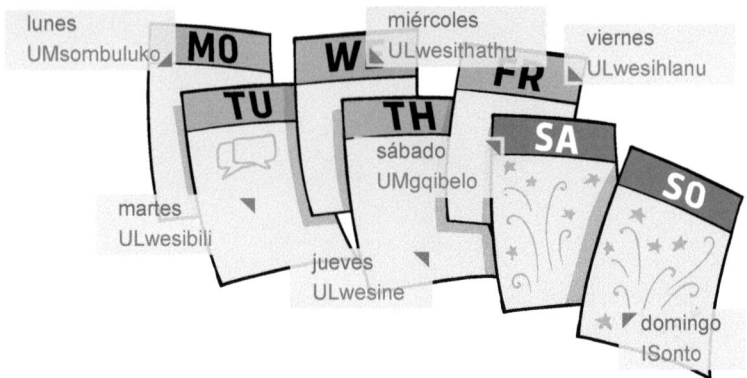

lunes
UMsombuluko

martes
ULwesibili

miércoles
ULwesithathu

jueves
ULwesine

viernes
ULwesihlanu

sábado
UMgqibelo

domingo
ISonto

ayer
izolo

hoy
namhlanje

mañana
kusasa

mañana
ekuseni

mediodía
emini

tarde
ntambama

días laborables
izinsuku zeviki

fin de semana
impelasonto

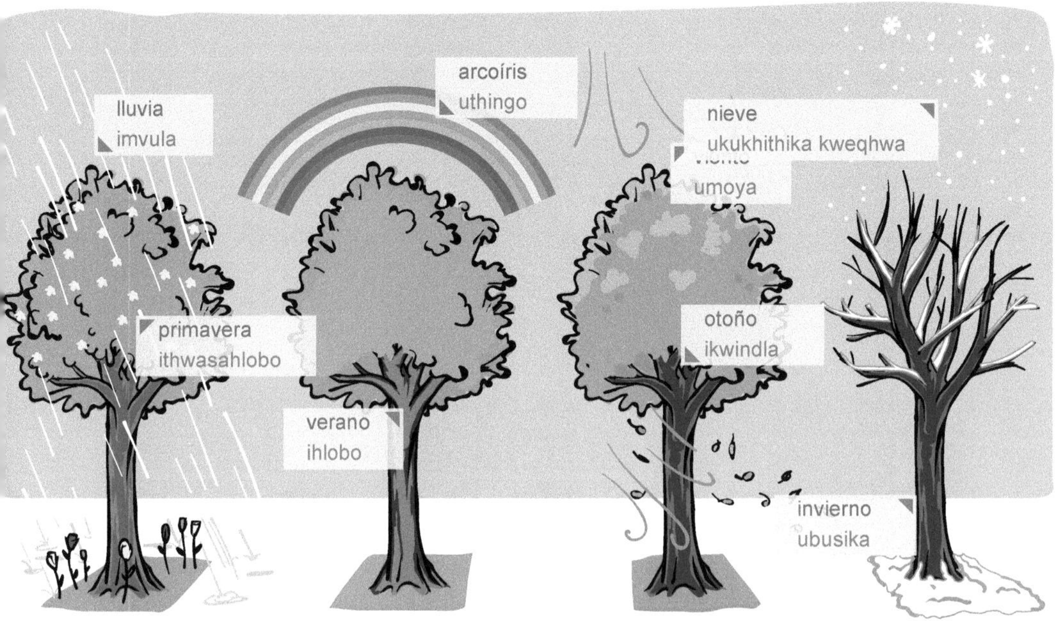

año
unyaka

- lluvia / imvula
- arcoíris / uthingo
- nieve / ukukhithika kweqhwa
- viento / umoya
- primavera / ithwasahlobo
- verano / ihlobo
- otoño / ikwindla
- invierno / ubusika

pronóstico del tiempo

isimo sezulu

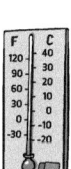

termómetro

umshini wezinga lokushisa

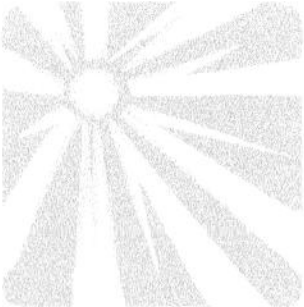

sol

ukushisa kwelanga

nube

amafu

niebla

inkungu

humedad

umswakama

rayo
ummbani

trueno
ukuduma kwezulu

tormenta
isiphepho

granizo
isichotho

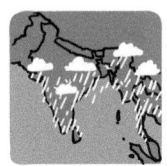

monzón
imvula enkulu

inundación
izikhukhula

hielo
iqhwa

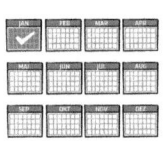

enero
UMasingana

febrero
UNhlolanja

marzo
UNdasa

abril
UMbasa

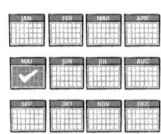

mayo
UNhlaba

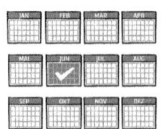

junio
UNhlangulana

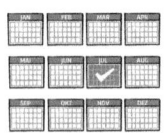

julio
UNtulikazi

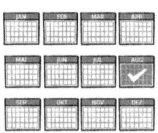

agosto
UNcwaba

septiembre
UMandulo

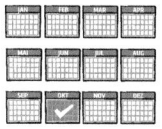
octubre
UMfumfu

noviembre
ULwezi

diciembre
UZibandlela

formas
amasheyphu

círculo
indilinga

cuadrado
isikwele

rectángulo
unxande

triángulo
unxantathu

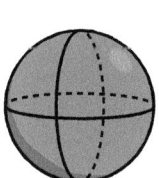
esfera
i-sphere

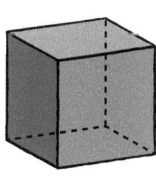
cubo
i-cube

colores
imibala

blanco
kumhlophe

amarillo
kuphuzi

anaranjado
ku-olenji

rosa
kuphinki

rojo
kumbomvu

morado
kuphephuli

azul
kuluhlaza okwesibhakabhaka

verde
kuluhlaza

marrón
kubhrawuni

gris
kuphashile

negro
kumnyama

opuestos
izinto ezingafani

mucho / poco
kakhulu / kancane

enojado / tranquilo
ukucasuka / ubumnene

bonito / feo
ubuhle / ububi

principio / fin
isiqalo / isiphetho

grande / pequeño
kukhulu / kuncane

claro / oscuro
kuyakhanya / kumnyama

hermano / hermana
umfowethu / udadewethu

limpio / sucio
ukuhlanzeka / ukungcola

completo / incompleto
ukuphelela / ukungapheleli

día / noche
imini / ubusuku

muerto / vivo
ukufa / ukuphila

ancho / estrecho
ukuvuleka / ukunyinyeka

comestible / no comestible

okudliwayo / okungadliwa

malo / amable

ukukhohlakala / umusa

entusiasmado / aburrido

ukujabula / isithukuthezi

gordo / delgado

ukunona / ukuzaca

primero / último

ukuqala / ukugcina

amigo / enemigo

umngane / isitha

lleno / vacío

ukugcwala / ukuphela

duro / blando

ubunzima / ukuthamba

pesado / ligero

ukusinda / ukubalula

hambre / sed

ukulamba / ukoma

enfermo / sano

ukugula / ukuba umqemane

ilegal / legal

ngokomthetho / okungekho emthethweni

inteligente / tonto

ukuhlakanipha / isiphukuphuku

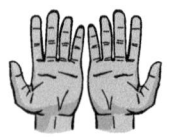

izquierda / derecha

isinxele / esokudla

cerca / lejos

eduze / kude

opuestos - izinto ezingafani

nuevo / usado
kusha / sekusebenzile

nada / algo
utho / okuthile

viejo / joven
okudala / okusha

encendido / apagado
vuliwe / kucishiwe

abierto / cerrado
vula / vala

silencioso / ruidoso
kuthulekile / kunomsindo

rico / pobre
ukuceba / ubumpofu

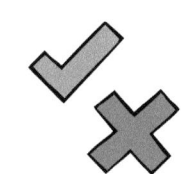
correcto / incorrecto
kulungile / akulungile

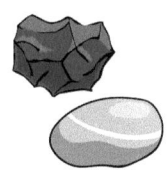
áspero / suave
kugadlazekile / kuyashelela

triste / contento
dabuka / jabula

corto / largo
kufishane / kude

lento / rápido
kuyanensa / kuyashesha

húmedo / seco
ukuba manzi / ukoma

cálido / frío
ukufudumala / ukuphola

guerra / paz
ukulwa / ukuthula

opuestos - izinto ezingafani

números
izinombolo

0
cero
uziro

1
uno
kunye

2
dos
kubili

3
tres
kuthathu

4
cuatro
kune

5
cinco
kuhlanu

6
seis
isithupha

7
siete
isikhombisa

8
ocho
isishiyagalombili

9
nueve
isishiyagalolunye

10
diez
ishumi

11
once
ishumi nanye

12
doce
ishumi nambili

13
trece
ishumi nantathu

14
catorce
ishumi nane

15
quince
ishumi nanhlanu

16
dieciséis
ishumi nesithupha

17
diecisiete
ishumi nesikhombisa

18
dieciocho
ishumi nesishiyagalombili

19
diecinueve
ishumi nesishiyagalolunye

20
veinte
amashumi amabili

100
cien
ikhulu

1.000
mil
inkulungwane

1.000.000
millón
izigidi

idiomas
izilimi

inglés
isiNgisi

inglés americano
isiNgisi saseMelika

chino mandarín
isiMandarin saseShayina

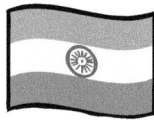

hindi
isiHindi

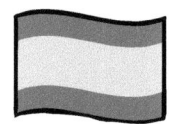

español
iSpanishi

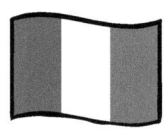

francés
isiFulentshi

árabe
isi-Arabhu

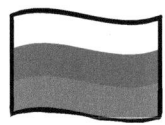

ruso
isiRashiya

portugués
isiPutukezi

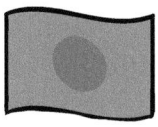

bengalí
isiBengali

alemán
isiJalimane

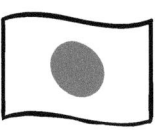

japonés
isiJapane

quién / qué / cómo
ubani / ini / kanjani

yo
Mina

tú
wena

él / ella / ello
u / u / ku

nosotros/as
thina

vosotros/as
nina

ellos/as
bona

¿quién?
ubani?

¿qué?
ini?

¿cómo?
kanjani?

¿dónde?
kuphi?

¿cuándo?
nini?

nombre
igama

dónde
kuphi

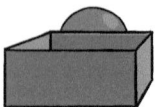

detrás
ngemuva

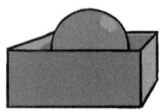

en
ngaphakathi

delante de
phambi kwe

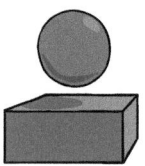

por encima de
phezulu

sobre
ngaphezulu

debajo de
ngaphansi

junto a
eceleni

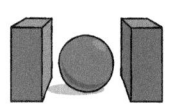

entre
phakathi

lugar
indawo